어린이 눈높이에 맞는 좋은 책 만들기에 앞장서겠습니다.

이 책의 내용을 교과서에서도 찾아 보세요!

수학 1-1　3. 덧셈과 뺄셈
　　　　　4. 비교하기
　　　　　5. 50까지의 수
수학 2-1　3. 덧셈과 뺄셈

나 혼자 해볼래
덧셈 뺄셈

평소 생활과 학습을 부모님의 도움 없이 할 수 있도록 도와주는 학습 동화입니다.
어린이 스스로 목표를 세우고, 실천하고, 결과를 평가할 수 있어요.
어떤 일이든 "나 혼자 해볼래."라고 말하는 어린이가 될 수 있을 거예요.

나 혼자 해볼래
덧셈 뺄셈

초판 발행	2017년 08월 20일
초판 4쇄	2020년 06월 05일
글	서지원
그림	김유진
펴낸이	이진곤
펴낸곳	씨앤톡
임프린트	리틀씨앤톡
출판등록	제 313-2003-00192호(2003년 5월 22일)
주소	경기도 파주시 문발로 405
전화	02-338-0092
팩스	02-338-0097
홈페이지	www.seentalk.co.kr
E-mail	seentalk@naver.com
ISBN	978-89-6098-206-2 73810
	978-89-6098-199-7 (세트)

- 저작권법에 의하여 한국 내에서 보호를 받는 저작물이므로 무단전재 및 복제를 금합니다.
- KC마크는 이 제품이 공통안전기준에 적합하였음을 의미합니다.

모델명	나 혼자 해볼래 덧셈 뺄셈 제조년월 2020. 06. 05. 제조자명 씨앤톡 제조국명 대한민국
주소	경기도 파주시 문발로 405 전화번호 02-338-0092 사용연령 7세 이상

나 혼자 해볼래
덧셈 뺄셈

서지원 글 | 김유진 그림

이 책의 활용 방법

1 이 책에는 이야기의 장소가 바뀌는 곳마다 '스스로 세우는 목표'가 있어요. 이것은 우리가 어떤 것을 배우게 되는지 알게 해준답니다.

2 수학을 잘하게 도와주는 동화책 중에 이 책처럼 재미있고 쉬운 이야기는 없을 거예요. 이야기를 읽으며 요렇게 조렇게 숫자와 함께 놀아 볼까요?

3 이야기 속에서 여러 방법으로 덧셈과 뺄셈하는 방법을 배울 수 있어요. 아람이와 보람이처럼 직접 문제를 풀어 보세요.

4 이야기의 장소가 바뀔 때마다 아람이와 보람이가 만나는 사람도 바뀌게 되지요. 누구를 만나게 되는지 잘 기억해 두세요.

5 **스토리텔링으로 사고력 키우기**에 나오는 문제를 혼자 힘으로 풀어 보세요. 이야기 속에서 나왔던 문제들이라 쉽게 풀 수 있을 거예요. 만약, 문제가 어렵다고 생각이 되면 이야기를 다시 읽어 보세요.

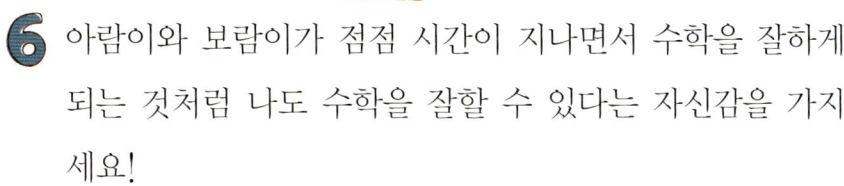

6 아람이와 보람이가 점점 시간이 지나면서 수학을 잘하게 되는 것처럼 나도 수학을 잘할 수 있다는 자신감을 가지세요!

수학 놀이동산으로 여러분을 초대합니다!

이 책을 펼친 어린이 친구들! 여러분은 이미 특별한 사람입니다. 왜냐하면, 이 책은 수학을 쉽고 재미있게 하는 방법을 같이 알아가는 동화책이거든요. 그래서 여러분이 이 책을 펼쳤다는 건 수학에 관심이 있고, 수학을 잘하고 싶은 마음을 갖고 있기 때문이지요. 책을 펼친 것만으로도 여러분은 이미 수학을 잘하는 길로 들어섰어요.

저는 여러분을 즐거운 수학의 세계 속으로 안내할 수학 이야기꾼이에요. 수학의 종류에는 여러 가지가 있는데, 그중에서 덧셈과 뺄셈은 아주 중요하답니다. 덧셈 뺄셈을 잘하지 못하면 다른 문제를 풀기 어려우니까요.

이 동화책의 특징은 지금 여러분이 학교에서 배우는 수학 내용이 고스란히 담겨 있다는 거예요. 그래서 학교에 가기 전에 이 책을 읽고 가면 선생님의 말씀이 훨씬 쉽게 귀에 들어올 거고요. 또 학교에 다녀와서 이 책을 읽어 보면 선생님의 말씀이 떠오르면서 잊어버리지 않게 될 거예요.

어떤 친구는 이렇게 말하곤 해요.
"아, 지겨워요. 같은 문제를 계속 더하고 빼니까 힘들어요."

알아요.

덧셈과 뺄셈을 배울 때에는 단순한 문제를 반복해서 풀지요. 덧셈과 뺄셈에 익숙해져야 하니까 충분히 연습하지 않으면 안 되거든요. 지겨운 건 어떻게 참아야 하느냐고요? 그래서 이야기꾼이 이 동화책을 쓴 거랍니다.

이 동화책을 열심히 읽으면 어느새 덧셈과 뺄셈의 원리를 나도 모르게 알 수 있게 될 거예요. 수학은 암기 과목이 아니랍니다. 스스로 생각하고, 원리를 깨달아야만 하지요. 이 책 속에 담긴 덧셈과 뺄셈의 원리와 개념을 찾아보고, 덧셈과 뺄셈이 왜 필요한지 그리고 생활 속에서 어떻게 사용되는지 알아보세요. 그러다 보면 여러분의 수학 나무는 무럭무럭 자라서 깊게 뿌리를 내리게 될 거예요.

이 책을 읽고 수학이 재미있어졌으면 좋겠어요. 수학 시간이 즐거워지고, 수학 시간이 기다려졌으면 좋겠어요. 그렇게 하기로 저랑 약속할래요?

여러분의 친구이자 수학 이야기꾼

서지원

차례

제1장
후덜덜 놀이동산

스스로 세우는 목표: 받아올림이 있는 (두 자리 수) + (한 자리 수)

제2장
마법의 바다 여행

스스로 세우는 목표: 받아내림이 있는 (두 자리 수) − (한 자리 수)
받아올림이 있는 (두 자리 수) + (두 자리 수)

제3장
숲속으로 사냥을 떠나자!

스스로 세우는 목표: 받아내림이 있는 (몇 십) − (두 자리 수)
받아내림이 있는 (두 자리 수) − (두 자리 수)

제4장
원주민과 함께 춤추기

스스로 세우는 목표: 덧셈식을 뺄셈식으로, 뺄셈식을 덧셈식으로 바꾸기
여러 방법으로 계산하기

제1장

후덜덜 놀이동산

스스로 세우는 목표
**받아올림이 있는
(두 자리 수)+(한 자리 수)**

"11과 8을 더하면 얼마지?"

　내 이름은 '아람'이에요. 아빠가 아름드리 나무처럼 자라라고 지어준 이름이지요. 나는 수학이 싫어요. 보람이도 나랑 똑 닮아서 그런지 수학을 싫어해요.

　참, 보람이는 내 쌍둥이 여동생이에요. 우린 생긴 것만 똑같은 게 아니라 성격도 똑같아요. 또, 피망을 싫어하고 달리기를 못해요. 노래는 잘하지만, 박자를 잘 못맞추는 것도 똑같아요. 그리고 무엇보다 덧셈 뺄셈을 못한다는 게 정말 똑같지요.

"9 더하기 7은 얼마게?"

엄마가 물으면 내가 얼른 손가락 아홉 개를 펼치고 보람이는 손가락 일곱 개를 펴요. 그리고 우린 차례대로 손가락 수를 세어 보고 대답하지요.

"손가락이 더 필요한 숫자는 어떻게 계산하려고 그러니?"

엄마가 물으면 우린 얼른 양말을 벗어요. 내 발가락이 열 개, 보람이 발가락도 열 개. 그러니까 우리 손발을 다 합치면 40개. 40개 안에서는 덧셈이랑 뺄셈을 할 수 있어요.

하지만 그 이상의 숫자는 계산할 수가 없어요. 그래서 숫자가 많은 수를 하다보면 식은땀이 줄줄 흐르고 머리가 어질어질해져요.

어제는 학교에서 수학 쪽지 시험이 있었어요. 나랑 보람이는 쌍둥이답게 똑같이 50점을 받았지요.

선생님은 우리 성적을 합쳐야 100점이 된다며 핀잔을 주셨어요. 아이들은 우리 둘을 합쳐야 아이큐가 100이라고 놀려댔고요.

"난 절대로 학교에 가지 않을 거야."

"나도."

"진짜? 약속했다!"

"너나 잘 지켜!"

나랑 보람이는 단단히 결심했어요.

다음날, 우리는 아프다며 꾀병을 부렸어요. 엄마랑 아빠는 어쩔 수 없이 우리를 집에 남겨 두고 회사에 출근하셨지요.
"아람아, 보람아 병원 가자."
"집에서 쉬면 괜찮아."
"나도."

보람이는 일부러 기침을 하고, 나는 토하는 시늉을 했지요. 우리의 실감 나는 연기 덕분에 엄마와 아빠가 없는 텅 빈 집에서 마음껏 놀 수 있게 됐어요. 그래서 엄마랑 아빠가 출근하자마자 우리는 "야호!" 하고 소리를 지르며 소파와 침대 위를 뛰어 다녔어요.

내가 제일 먼저 한 일은 컴퓨터 게임이었어요. 한참 게임을 하다 보니 눈이 아프고 슬슬 재미가 없어졌어요.

나는 온몸이 뻐근하고 목이 아파지는 게 느껴졌어요. 그제서야 보람이에게 컴퓨터를 양보하고 거실로 갔지요.

나는 마루 바닥을 애벌레처럼 꿈틀대며 온몸을 움직여 기어 다니다가 텔레비전 리모컨을 꾹 눌렀어요. 그러자 텔레비전 화면에 엄청 화려한 놀이동산이 나타났지요.

"안녕하세요! 여긴 후덜덜 놀이동산입니다. 자, 오늘의 첫 입장 관객을 모실 시간이로군요."

카우보이 모자를 쓰고 화려한 장식이 주렁주렁 달린 바지를 입은 아저씨가 마이크에 대고 말했어요. 나는 눈을 깜빡이며 텔레비전을 바라보았지요.

"거기 첫 번째 손님!"

카우보이 아저씨가 소리쳤어요.

"너 말입니다, 바로 너. 지금 바닥에 누워서 꿈틀대며 애벌레처럼 기어 다니고 있는 너!"

나는 기어 다니다 말고 고개를 갸웃하며 빌떡 일어나 앉

앉어요.

"이번엔 똑바로 앉은 너!"

나는 주위를 두리번거렸어요.

"이리저리 고개를 돌려봤자 소용없어요. 첫 번째 손님은 무조건 너니까."

"설마……. 진짜 나라고?"

나는 두 눈을 깜빡거리며 텔레비전을 바라보았어요. 그때 보람이가 거실로 걸어나왔지요.

"이번엔 두 번째 손님이 나타나셨군요. 거기 두 꼬마 친구, 이 안으로 들어올래?"

보람이는 나에게 무슨 프로그램을 보고 있냐고 물었어요.

나는 잘 모르겠다며 머리만 긁적거렸어요.

이게 무슨 일이에요?

갑자기 카우보이 옷차림을 한 아저씨가 텔레비전 화면 밖으로 불쑥 걸어 나왔어요.

"엄마야!"

카우보이 아저씨는 내 손을 꽉 잡았어요.

"아저씨, 갑자기 왜 이러세요?"

"지금 당장 손님이 필요해요. 빨리 놀이기구에 올라 타세요! 어서요!"

우리는 카우보이 아저씨의 손에 이끌려 텔레비전 속 후덜덜 놀이동산으로 가게 됐어요. 우리가 당황한 틈에 카우보이 아저씨는 재빨리 놀이기구를 움직였어요. 놀이기구가 웅~ 소리를 내며 빙글빙글 돌았어요.
"이제 여러분은 여기 있는 모든 놀이기구를 한 번씩 타야 밖으로 나갈 수 있어요."

회전목마, 롤러코스터, 범퍼 카, 바이킹 등……. 카우보이 아저씨는 우리가 놀이기구를 타고 내릴 때마다 딱지 한 장씩을 주셨지요.

"이제 그만 타고 싶어."

"나도."

나와 보람이는 어깨를 축 늘어뜨리며 말했어요. 그러자 카우보이 아저씨가 물었어요.

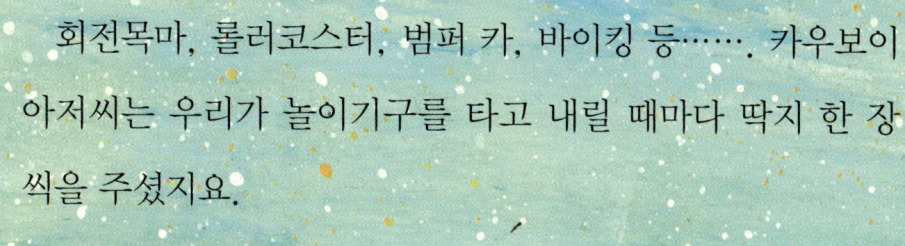

"지금까지 몇 장의 딱지를 받았니?"

"나는 15장을 받았고, 보람이는 7장을 받았어요."

"그럼, 모두 몇 장일까?"

우리는 한참 손가락을 접었다 폈어요. 이런 모습을 보던 카우보이 아저씨는 우리를 한쪽 벽으로 데려갔어요.

"이것은 마법의 칠판이란다. 아저씨가 덧셈과 뺄셈을 가르쳐 줄게."

"마법의 칠판에 아람이가 받은 딱지 개수만큼 동그라미를 그려 볼래?"

그래서 나는 동그라미 15개를 그렸어요.

"보람이가 7장을 그려 볼래?"

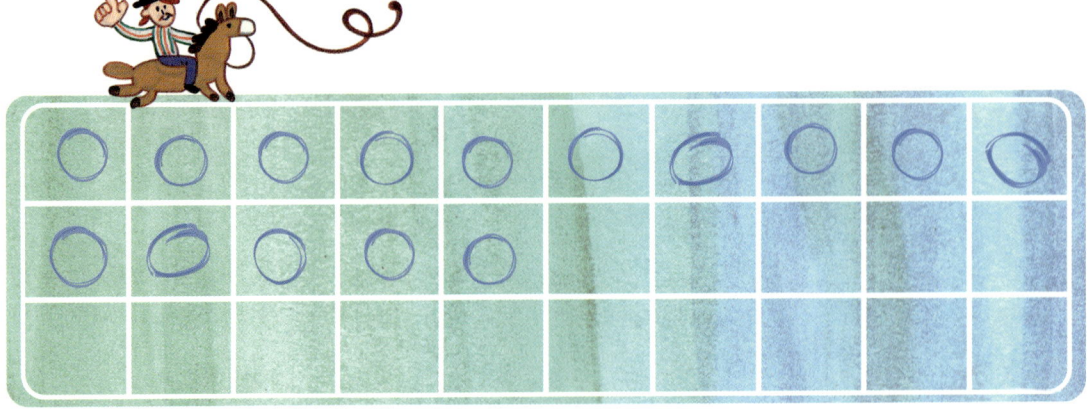

"아람이와 보람이가 그린 동그라미는 모두 몇 개일까?"
우리는 한 개씩 세어 보았어요.

"모두 22개예요!"

"그렇지! 이걸 덧셈식으로 나타내어 볼게."

$$15 + 7 = 22$$

카우보이 아저씨는 자를 그렸어요.

"15에서 7만큼 옮기면 얼마가 되는지 그려 보렴."

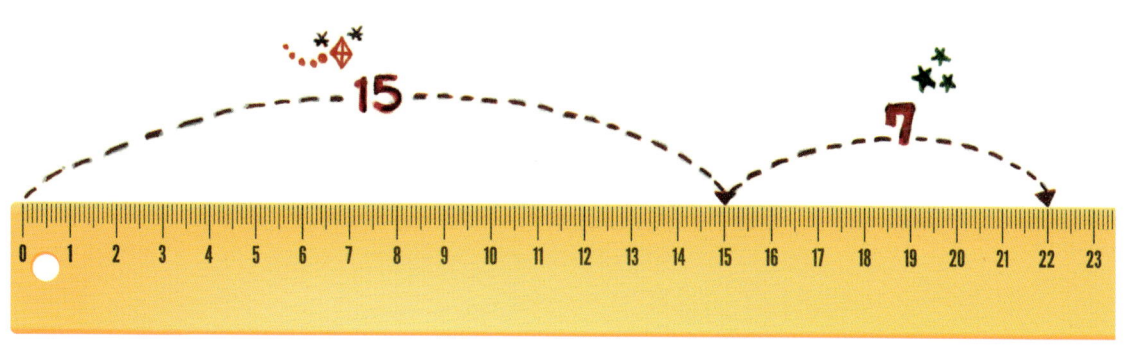

"22예요!"

"그렇지! 덧셈을 아주 잘하는 구나!"

나는 신기했어요. 덧셈이 이렇게 쉬운 것인지 처음 알았거든요.

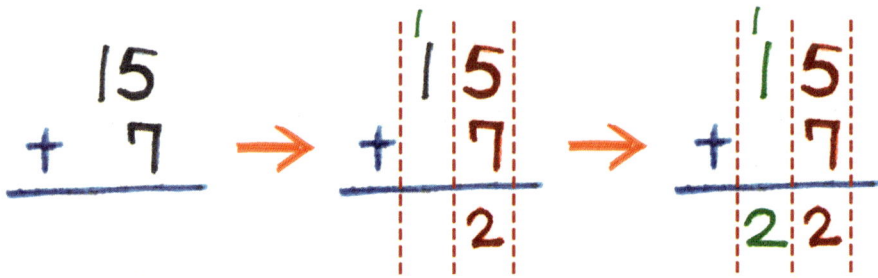

"이렇게 계산하면 더 쉽단다. 일의 자리 수끼리의 합이 10이거나 10보다 큰 수는 10을 십의 자리로 받아올림하면 된단다."

"아하, 그렇구나! 그렇게 쉬운 것도 모르고!"

우리는 입을 크게 벌리고 하하하 소리내서 웃으며 또 놀이기구를 타러 달려갔어요.

♥ **받아올림**: 덧셈할 때 같은 열의 수의 합이 10이거나 10보다 크면 바로 윗 열로 10을 올려주는 것.

스토리텔링으로 사고력 키우기
받아올림이 있는 두 자리 수 + 한 자리 수

옛날에 호랑이 한 마리가 있었어요. 호랑이는 곶감을 무서워했지요. 호랑이굴 근처엔 엄마와 아이만 사는 집이 있었어요.
새벽에 아이가 울자, 엄마는 아이를 달래며 곶감을 줬어요. 계속 울면 호랑이가 나타난다고 겁을 주면서요. 아이는 곶감을 보곤 울음을 그쳤지요. 엄마와 아이의 대화를 엿듣던 호랑이는 곶감이 자기보다 더 무서워서 아이가 울음을 그친 줄 알았어요.

1 곶감 7개와 곶감 5개를 더하려고 합니다. 곶감이 10개가 되게 하려면, 5를 □과 □으로 나눠야 할까요? 그림을 보고 아래 □ 안에 답을 써 보세요.

① □ , □ 으로 나눠야 합니다.

2 그림 속의 □ 안에 알맞은 수를 써 넣으세요.

② □

3 엄마는 냉장고 가서 곶감 17개를 꺼냈고, 아이는 곶감 5개를 꺼냈어요. 곶감 딱지를 이용해 와 같은 방법으로 덧셈을 해 보세요. 엄마와 아이가 꺼낸 곶감은 모두 몇 개일까요?

스토리텔링으로 사고력 키우기
받아올림이 있는 두 자리 수 + 한 자리 수

아람이와 보람이는 짜장면을 좋아해요. 그래서 짜장면을 먹을 때마다 중국집에서 주는 쿠폰을 냉장고에 붙였지요. 아람이는 쿠폰 19장을 모았고, 보람이는 쿠폰 8장을 모았어요.

1 두 사람이 모은 쿠폰은 모두 몇 장일까요? 짜장면 쿠폰 개수만큼 동그라미를 그려 주세요.

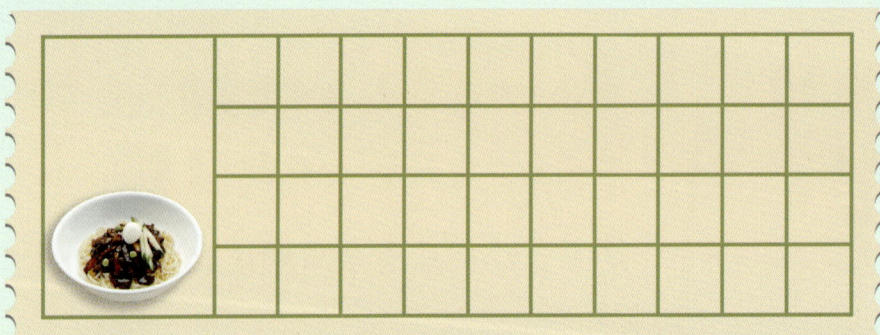

2 ☐ 안에 알맞은 수를 써 주세요.

19 + 8 = 27   19 + 1 + ☐ = 27   ☐ + 7 = 27

3 아래에 있는 자를 이용해 아람이와 보람이가 모은 쿠폰의 개수만큼 표시해 보세요. 두 사람이 모은 짜장면 쿠폰은 모두 몇 장일까요? ☐ 장

제2장
마법의 바다 여행

스스로 세우는 목표

받아내림이 있는
(두 자리 수)−(한 자리 수)

받아올림이 있는
(두 자리 수)+(두 자리 수)

"12개 중에서 8개를 먹었다면 몇 개가 남았을까?"

"목말라."

"난 배고파."

나와 보람이는 어깨를 축 늘어뜨리고 비틀거리며 걸었어요. 그러자 카우보이 아저씨가 딱지 3장을 주면 쿠키와 음료수로 바꿔준다고 했지요. 우리가 놀이기구를 타서 모은 딱지는 28장이었어요. 딱지 3장씩을 카우보이 아저씨에게 내밀자, 아저씨는 쿠키와 음료수를 나눠줬어요.

"이게 무슨 맛 쿠키예요?"

"배추벌레 맛 쿠키."

카우보이 아저씨의 말에 보람이는 먹던 쿠키를 뱉었어요. 나도 인상을 찌푸리며 뱉으려고 했지만, 카우보이 아저씨가 갑자기 등을 탁 내리치는 바람에 손에 들고 있던 쿠키를 바닥에 떨어뜨리고 말았지요. 하지만 쿠키 맛은 이상하지 않았어요.

"음……. 먹을 만한데?"

나는 보람이에게 쿠키를 한 입만 먹어보라고 했어요. 하지만 보람이는 절대 먹지 않겠다며 음료수만 홀짝홀짝 마셨어요.

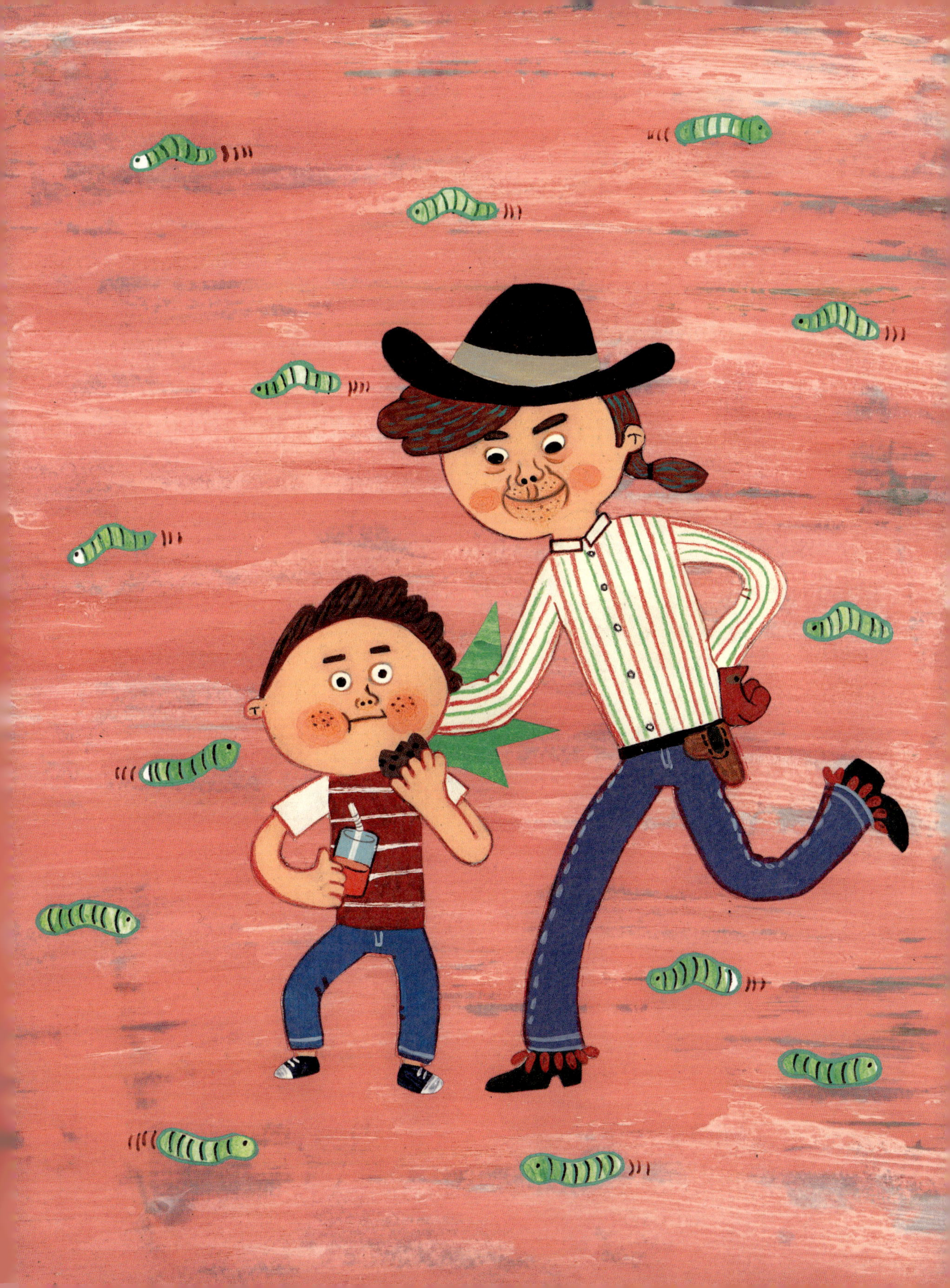

"지금 네가 마시는 음료수는 붕어 눈물을 모은 거야."
"우웩!"
결국, 보람인 마시던 걸 모두 뱉어내곤 울상을 지었어요.
 보람이를 안타깝게 바라보던 카우보이 아저씨는 수중나라에 가서 마법의 워터파크 구경을 하면 어떻겠느냐고 물었어요.

"거긴 어떤 곳인데요?"

"인어공주가 살고 있는 곳이지."

"정말요?"

보람이는 공주라는 말에 눈을 반짝였어요. 보람이는 방에 바비, 백설공주, 신데렐라, 엄지공주 등 온갖 공주 인형이 넘쳐날 정도로 공주를 좋아하거든요.

"그곳에 가보고 싶니?"

"네!"

보람이는 딩징 인어공주를 만나게 해달라고 졸랐어요. 아저씨는 수중나라로 가려면 6장의 딱지가 필요하다고 말했어요. 우리가 가진 딱지는 모두 22장이었는데, 보람이는 이 중에서 6장의 딱지를 선뜻 내어 주었지요.

"이제 너희가 가진 딱지가 몇 장 남았지?"

우리는 바로 대답을 하지 못하고 우물쭈물했어요. 카우보이 아저씨는 우리를 마법의 칠판으로 데려갔어요. 받아올림을 배웠던 그 칠판이었지요.

"너희가 모은 딱지 22장 중에서 남은 딱지 수만큼 ×표시를 해 보렴."

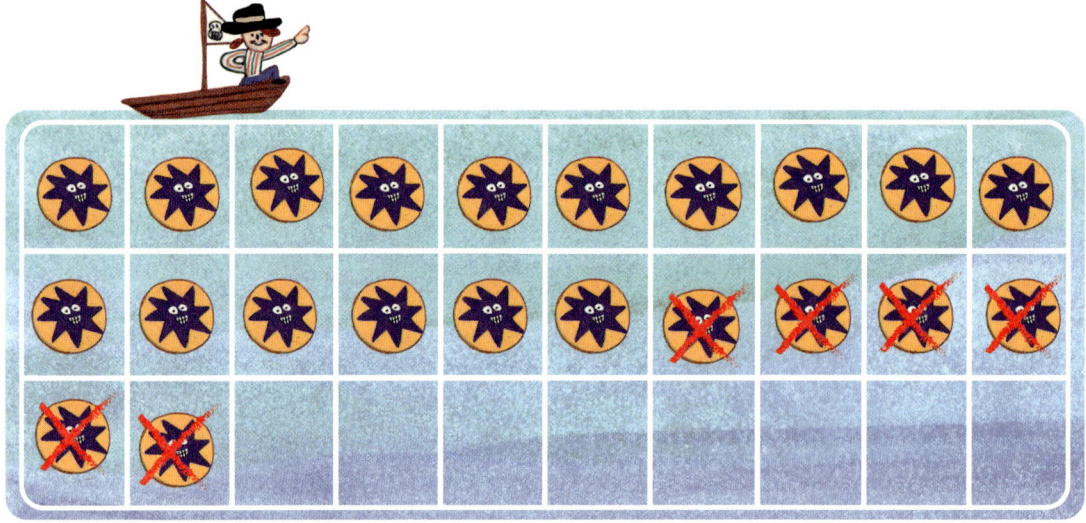

우리는 하나씩 ×표를 했어요.

"남은 딱지는 모두 몇 장일까?"

우리는 한 장씩 세어 보았어요.

"16장이에요!"

"그렇지! 이걸 뺄셈식으로 나타내어 볼게."

$$22 - 6 = 16$$

카우보이 아저씨는 자를 그렸어요.

"22에서 6만큼 거꾸로 옮기면 얼마가 되는지 볼까?"

"16이에요!"

"그렇지! 뺄셈을 아주 잘하는구나!"

우리는 신기했어요. 뺄셈이 쉽다는 걸 처음 알았거든요.

"이렇게 계산하면 더 쉽단다. 일의 자리 수끼리 뺄셈을 할 수 없으니까 십의 자리에서 10을 받아내림한다는 뜻이란다."

"아하, 그렇구나! 이렇게 쉬운 것도 모르고!"

우리는 신기한 걸 알게 되었다며 즐거워했어요.

"이제 딱지가 16장 남았어요."

아름이가 시무룩한 표정으로 말했어요.

"흠, 수중나라로 가기 전에 먼저 딱지를 구해야겠다."

카우보이 아저씨의 말에 우리는 두 눈을 휘둥그레 떴어요.

"안 돼요! 이젠 놀이기구를 못타겠어요."

"걱정 말아요. 놀이기구를 타는 대신, 소원을 비는 탑에서 탑을 튼튼하게 잘 쌓기만 해도 그 층수만큼 딱지를 받을 수 있을 테니까."

우리는 카우보이 아저씨의 꼬드김을 이기지 못해 어쩔 수 없이 소원의 탑으로 갔어요. 그곳에서 이루고 싶은 소원들을 빌며 한 층, 한 층 탑을 쌓았지요.

"난 수학을 잘하게 해 달라고 빌 거야."

"나도."

소원의 탑에서 아름이는 25개, 보람이는 17개를 쌓아 올렸어요. 그러자 카우보이 아저씨가 딱지 뭉치를 들고 와선 물었지요.

"모두 몇 개의 탑을 쌓았니?"

"그, 글쎄요."

"걱정마라. 이번에도 마법의 칠판이 가르쳐줄 테니까."

"아저씨, 마법의 칠판은 참 똑똑해요."

"아람이도 똑똑하잖아. 일단, 아람이가 쌓아올린 탑의 개수만큼 동그라미를 그려 보렴."

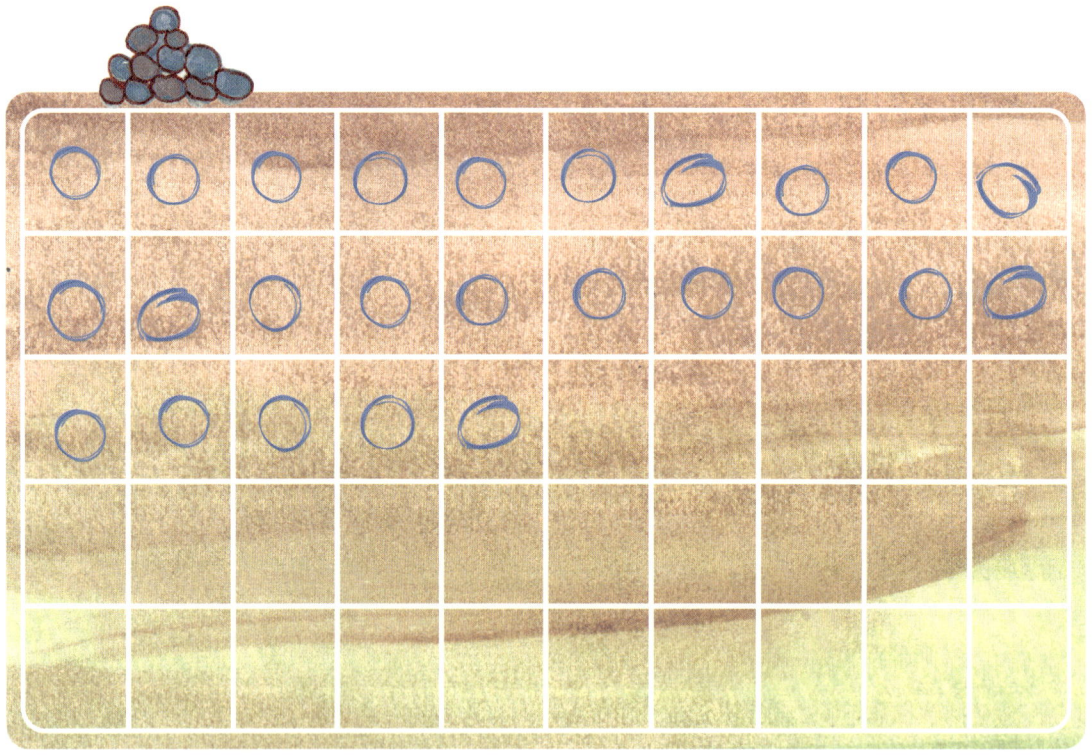

아람이는 25개의 동그라미를 그렸어요.
"이번에는 보람이가 쌓아올린 탑의 개수만큼 동그라미를 그려 보렴."

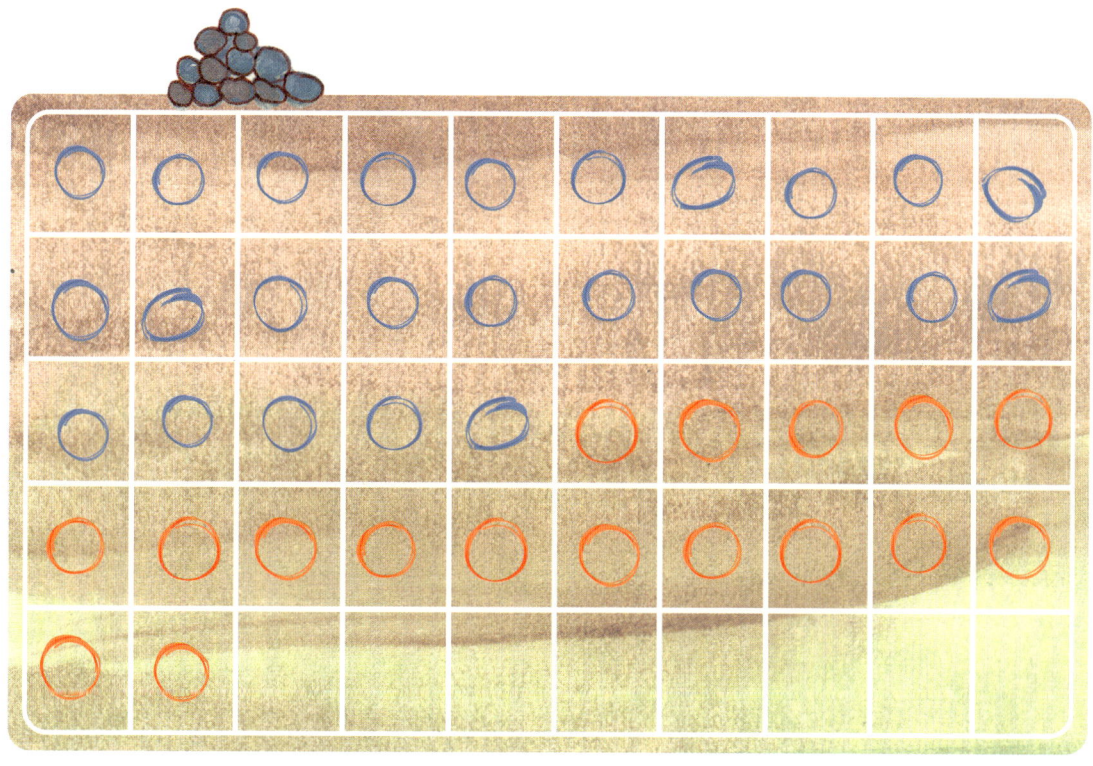

보람이는 17개의 동그라미를 그렸어요.

"동그라미는 모두 몇 개일까?"

우리는 하나씩 세어 보았어요.

"42개요!"

"그렇지! 식으로 나타내어 볼게."

25 + 17 = 42

카우보이 아저씨는 자를 그렸어요.

"25에서 17만큼 더 가면 얼마가 되는지 그려 보렴."

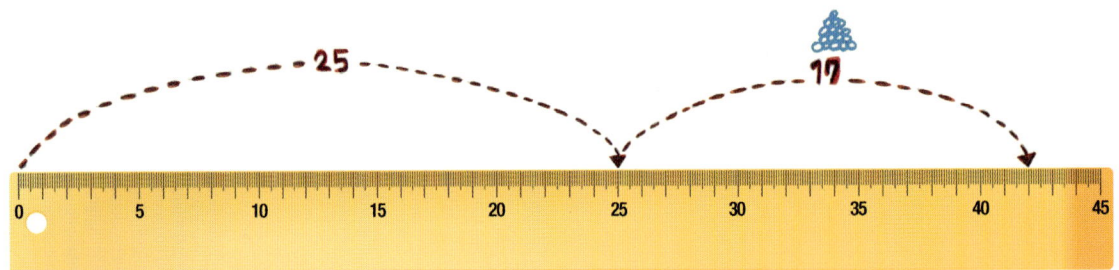

"42예요!"

"그렇지! 덧셈을 아주 잘하는 구나! 자를 이용해 덧셈식을 하는 다른 방법은 없을까?"

우리는 자를 새로 그렸어요.

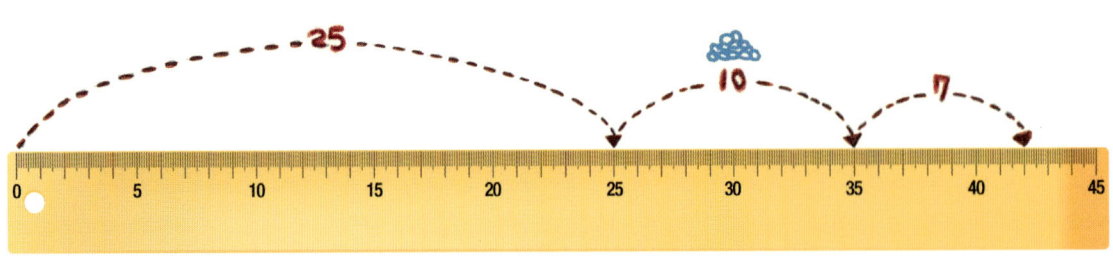

"25에서 10을 먼저 그린 후, 7을 더 그렸어요!"

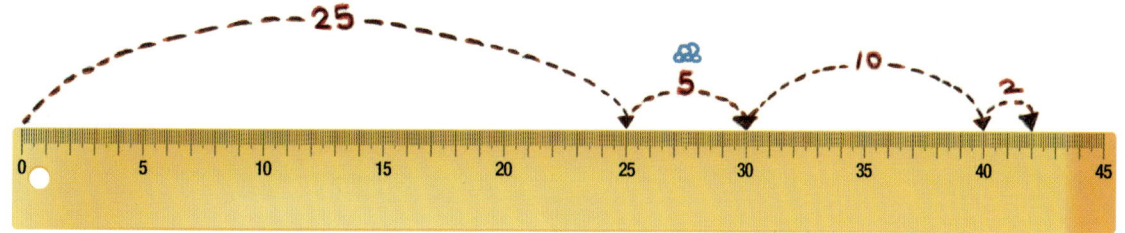

"25에서 5만큼 그리고 10을 더 그린 후, 2만큼 더 그렸어요!"

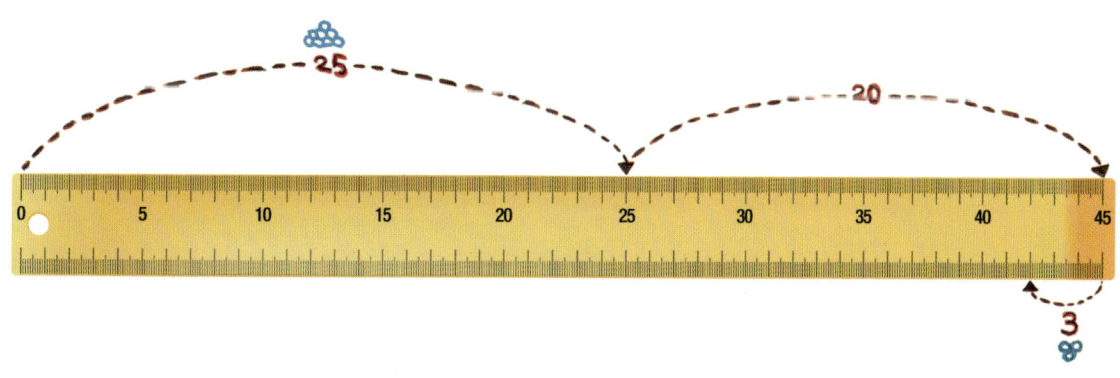

"25에서 20만큼 그리고 3만큼 거꾸로 그렸지요!"
"맞다, 맞다, 다 맞다! 너흰 정말 대단한 아이들이구나!"
카우보이 아저씨는 연신 감탄했어요.

우리는 두 자리 수 덧셈을 이렇게 쉽게도 할 수 있다는 걸 알게 되었어요.

$$\begin{array}{r} 25 \\ +\ 17 \\ \hline \end{array} \rightarrow \begin{array}{r} {\scriptstyle 1}\ \ \\ 25 \\ +\ 17 \\ \hline 2 \end{array} \rightarrow \begin{array}{r} {\scriptstyle 1}\ \ \\ 25 \\ +\ 17 \\ \hline 42 \end{array}$$

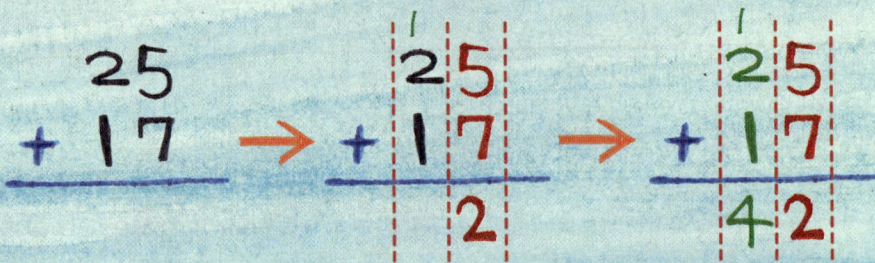

"이렇게 계산하면 더 쉽단다. 일의 자리 수끼리의 합이 10이거나 10보다 큰 수는 10을 십의 자리로 받아올림하면 된단다."

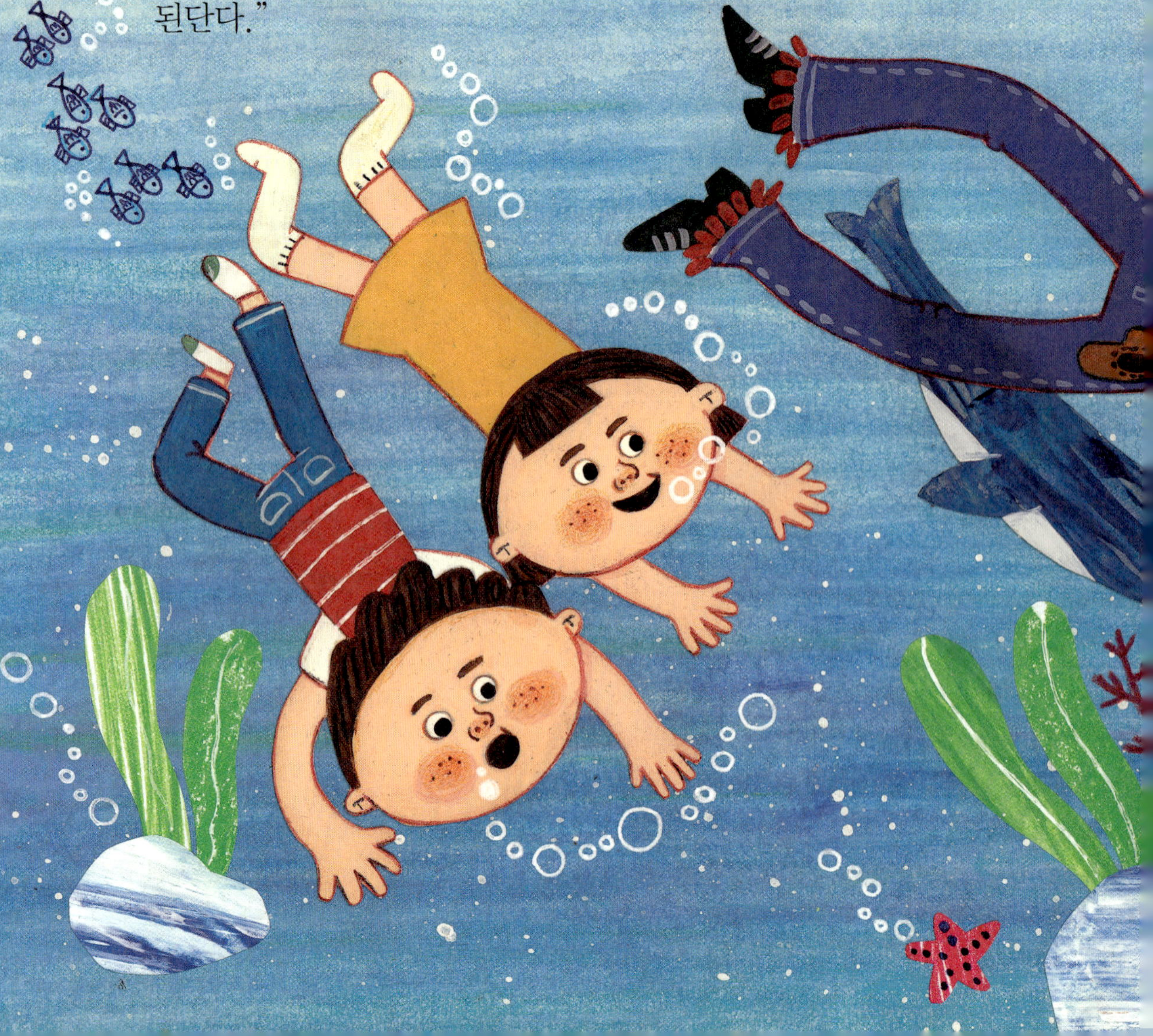

카우보이 아저씨는 손을 허리에 얹고 말했어요.

"뭐, 수중나라로 갈 만큼 딱지는 구한 것 같으니, 일단 그곳으로 떠날까요?"

카우보이 아저씨는 우리와 함께 수중나라로 갔어요. 수중나라에 들어가기 전에 아저씨는 이상한 알약 하나를 먹어야 한다며 건네줬어요.

"이 약을 먹으면 물속에서 편하게 숨을 쉴 수 있을 거예요. 어서 먹어요."

코를 막고 눈을 감은 채 약을 꿀꺽 삼키자, 아저씨의 말처럼 물속에서 마음껏 숨을 쉴 수 있었어요. 나와 보람이는 바다 속 궁전에서 인어공주를 만나고, 보물을 잔뜩 실은 배가 가라앉은 곳도 구경했어요. 그런데 갑자기 물속에서 소용돌이가 일어나더니 해골 그림이 그려진 배 한 척이 나타났어요.

"앗, 해적이다!"

"살려주세요!"

카우보이 아저씨는 당장 도망쳐야 한다며 살려달라고 큰 소리로 외쳤어요.

"저놈들을 잡아라!"

해적이 큰 소리로 외쳤어요.

그러자 해적선에 타고 있던 해적들이 우르르 튀어나와 우리 뒤를 쫓았지요.

"빨리 와!"

"조금만 더 힘내!"

나와 보람이는 해적들을 피해 뭍으로 나왔어요. 헤엄치느라 힘이 빠졌는지 우린 뭍에 도착하자마자 풀썩 모래 위로 쓰러졌어요. 손가락 하나 까딱할 기운조차 없을 정도로 힘들었어요.

"배추벌레 맛 쿠키여도 좋으니 뭐라도 먹고 싶어. 너무 배고프잖아."

보람이가 중얼거렸어요.

그런데 마침 저 멀리 '매점'이라는 글자가 보이지 뭐예요. 그래서 간신히 몸을 일으켜 매점을 향해 걸었어요. 매점 진열대 위에는 이상한 모양을 한 과자들이 놓여 있었어요. 나와 보람이는 눈에 보이는 과자를 허겁지겁 먹었어요. 우리가 먹은 과자의 개수를 세어 보니 나는 빨간 과자를 64개, 보람이는 파란 과자를 73개나 먹었지요.

우리가 과자를 맛있게 먹고 있는데, 카우보이 아저씨가 저기에서 헉헉대며 달려왔어요. 다행히 해적들에게 잡히지 않았나 봐요.

"휴, 참새 똥 맛 과자를 먹고 있었군요. 아람이와 보람이는 모두 몇 개 먹었나요?"

스토리텔링으로 사고력 키우기
(받아내림이 있는 두 자리 수) − (한 자리 수)

아래 문제들을 풀어보고, 스스로 평가해 보세요.

> 호랑이는 영희네 집에서 곶감을 훔쳐 동굴로 가져갔어요.
> 동굴에는 새끼 호랑이가 엄마 호랑이를 기다리고 있었어요.

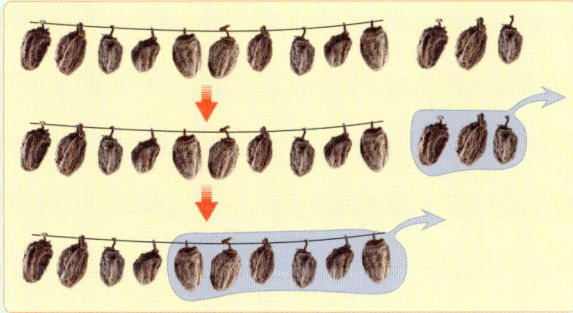 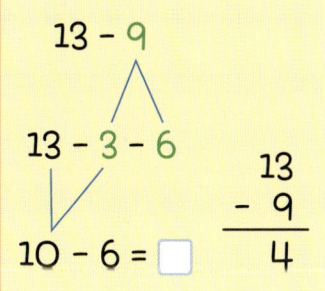

1 훔친 곶감 13개 중에서 새끼 호랑이가 9개를 먹었다면 곶감은 몇 개가 남았을까요? 13에서 9를 빼려면, 9를 ☐과 ☐으로 나눠야 할까요? 그림을 보고 아래 ☐ 안에 답을 써 보세요.

답 : ☐ , ☐

2 바구니에 곶감이 14개가 있었어요. 새끼 호랑이는 곶감 8개를 먹었고, 나머지는 엄마 호랑이가 먹었어요. 새끼 호랑이가 먹은 개수만큼 곶감에 ×표 하고, 엄마 호랑이가 몇 개를 먹었을지 ☐ 안에 답을 써 보세요.

답 : ☐ 개

스토리텔링으로 사고력 키우기
(받아올림이 있는 두 자리 수) + (두 자리 수)

아래 문제들을 풀어보고, 스스로 평가해 보세요.

> 오늘은 아람이네 반과 보람이네 반이 소풍을 가기로 했어요.
> 아람이네 반은 25명이고, 보람이네 반은 18명이에요.

1. 도시락은 총 몇 개 필요할까요? 필요한 도시락 개수만큼 동그라미를 그려 주세요.

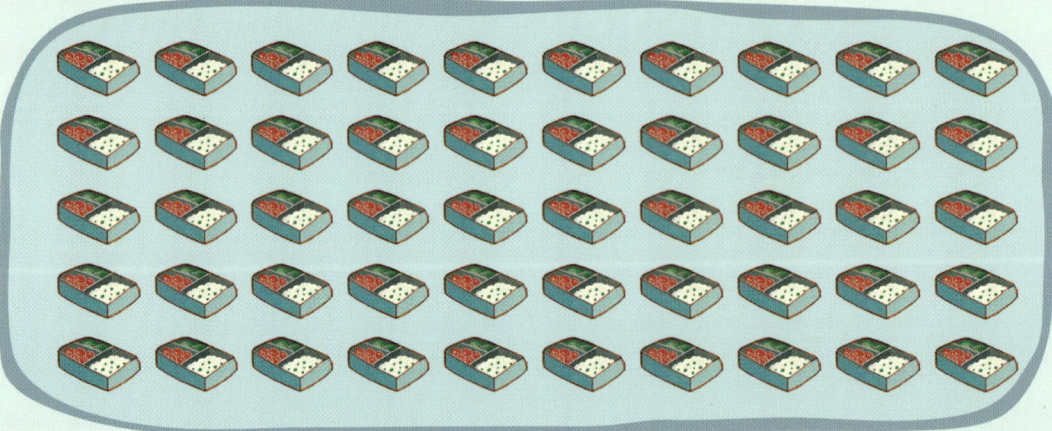

2. ☐ 안에 알맞은 수를 써 주세요.

25 + 18 = ☐   25 + 5 + ☐ = 43   ☐ + 13 = 43

3. 아람이네 반과 보람이네 반에서 필요한 도시락의 총 개수만큼 표시해 보세요.

제3장

숲속으로 사냥을 떠나자!

스스로 세우는 목표
받아내림이 있는
(몇 십)−(두 자리 수)
받아내림이 있는
(두 자리 수)−(두 자리 수)

"난 30점이었는데,
넌 27점이네.
내 점수에서 네 점수를
빼면 몇 점?"

나와 보람이는 길을 잃었어요. 한참 걸어도 나무만 보였어요. 점점 하늘은 어두워졌지요.

"길을 잃은 게 아닐까?"

보람이가 걱정스러운 목소리로 물었지요. 하지만 나는 오빠답게 의젓한 목소리로 보람이를 위로했어요.

"길을 잃어 봤자 여긴 놀이동산이야. 우리가 놀이동산을 벗어나진 않았을 거야."

하지만 나도 무섭기는 마찬가지였어요. 많은 시간이 흘렀

는지 새소리가 들리던 숲속마저 고요해졌어요. 사그락사그락 잎사귀를 흔드는 바람 소리만 들렸지요. 보람이는 많이 무서운지 내 옆에 찰싹 달라붙었어요. 보람이가 바들바들 떠는 것이 느껴졌어요.

"오빠, 무서워."

보람이는 금방이라도 눈물을 흘릴 것 같은 얼굴로 나를 쳐다보았어요. 나는 아무 말도 하지 못했어요. 왜냐하면, 나도 몹시 무서웠거든요. 그래서 우린 노래를 부르기로 했어요. 언젠가 책에서 읽었는데, 혼자 있거나 무서울 때 노래를 부르면 용기가 솟아난댔거든요.

"뭘 부르지?"

"아무거나 부르자."

어떤 노래를 부르면 좋을지 골똘히 생각할 때였어요. 어디선가 우두두 발걸음 소리가 요란하게 들리더니, 낯선 사람들이 우리를 감싸고 빙 둘러섰어요. 우리는 사람을 만났다는 반가움에 기뻐서 '와~'하고 소리를 질렀어요. 그런데 이게 무슨 일이에요! 낯선 사람들이 우리에게 뾰족한 창을 들이밀지 뭐예요!

"왜, 왜 그러세요?"

"바른 대로 말해라. 너희는 산적이지? 어느 산에서 내려온 거야?"

"산적이라니요?"

나와 보람이는 어리둥절한 얼굴로 낯선 사람들을 쳐다보았어요. 그때, 그 사람들 뒤에서 수염이 긴 남자가 걸어 나왔어요. 수염이 긴 사람은 거들먹거리며 우리에게 말했어요. 아마도 남자는 낯선 사람들의 우두머리인 것 같았어요.

"너희 정체에 대해서는 이미 잘 알고 있다. 너흰 로빈 훗의 부하들이지?"

"로빈 훗이라고요?"

우린 절대 아니라며 마구 손사래를 쳤어요. 하지만 수염이 긴 남자는 우리 말을 들으려고 하지 않고, 오히려 잔뜩 의심스러운 눈으로 째려 보았어요.

"시치미 떼도 소용없어! 이미 증거가 있으니까."

"증거가 뭔데요?"

"너희가 수상한 딱지를 갖고 있다는 게 바로 그 증거지!"

수염이 긴 남자는 우리가 들고 있는 딱지를 노려보며 말했어요. 그러더니 그 남자는 갑자기 우리 손에 있는 딱지를 강제로 빼앗았어요.

"왜 이러세요?"

보람이가 울먹이며 소리쳤어요. 그 순간, 어디선가 화살 하나가 '슈욱~'하고 날아왔어요. 화살은 수염이 긴 남자의 모자에 정확히 꽂혔지요.

"이, 이건 로빈 훗의 화살이잖아!"

수염이 긴 남자는 새파래진 얼굴로 주위를 두리번거렸어요. 창을 든 병사들도 주위를 두리번거리며 화살을 쏜 사람을 찾았지요.

"로빈 훗이 나타났다! 이 근처에 있어!"

"로빈 훗을 찾아라, 찾아!"

다들 호들갑을 떨고 있을 때 숲속 저 편에서 바스락거리는

소리가 났어요. 병사들은 소리가 난 쪽을 향해 달려갔어요. 수염이 긴 남자는 우리 어깨를 붙든 채로 눈을 부라렸지요.

"이놈, 로빈 훗! 감히 내 모자를 망가트렸겠다!"

남자가 으득으득 이를 갈며 중얼거릴 때였어요. 어디선가 목소리가 들렸어요.

"영주, 이참에 새 모자를 사는 게 어때?"

그 목소리는 나무 위에서 나는 것이었지요.

"로빈 훗!"

수염이 긴 남자, 그러니까 영주가 나무 위를 노려보자, 누군가 '풀썩'하고 아래로 내려왔어요. 그는 허리춤에 화살 집을 차고 초록색 산적 옷을 입고 있었어요. 로빈 훗이었어요.

"또 죄 없는 사람들을 붙잡았군. 얼마나 더 혼나야 정신을 차릴래?"

로빈 훗은 성주를 향해 화살을 쏘았어요. 놀란 성주는 화살을 피하려고 몸을 날렸지요.

"지금이야, 빨리 이쪽으로 와!"

로빈 훗의 말에 우리는 재빨리 도망쳤어요.

"하나, 둘, 셋 외치면 오른쪽으로 힘껏 뛰는 거야!"

로빈 훗은 코뿔소처럼 씩씩대며 쫓아오는 성주를 유인했어요. 우리는 하나, 둘, 셋 구령에 맞춰 힘껏 뛰었어요. 우리는 턱 끝까지 차오른 숨을 몰아쉬며 헉헉거렸지요. 한참을 달리다 뒤를 돌아보니 아무도 쫓아오지 않는 듯 했어요. 그제서야 간신히 숨을 몰아쉬며 잠시 멈췄어요.

"오빠, 여긴 어딜까?"

"아까보다 숲속으로 더 깊이 들어온 것 같아."

나와 보람이는 무서워서 발을 동동 굴렀어요. 그런데 토끼 귀 모양의 머리띠를 한 남자애 하나가 돌 뒤에서 불쑥 나타나더니, 긴 앞니를 쑥 내밀고서 말했어요.

"울지 마. 여긴 로빈 훗의 숲이라 안전하니까 믿고 마음 푹 놔도 돼."

"넌 누구니?"

나는 떨리는 목소리로 물었어요.

"난 로빈 훗의 제자인 케빈이라고 해."

케빈은 숲속 산적들이 사는 동굴로 우리를 안내했어요. 동굴 입구는 나뭇가지로 가려져 있었는데, 그것을 치우고 들어가니 침대와 테이블이 놓인 집이 나타났지요.

"우린 굴이나 나무 둥치에 숨어 살거든. 여긴 내가 사는 곳이야. 내 방 구경시켜 줄게."

케빈은 우리에게 숲속에서 사는 산적들을 소개해주며 맛있는 딸기를 먹으라고 주었어요.

우린 케빈 덕에 동굴에서 하룻밤을 보내게 됐어요.

"내가 활 쏘는 법을 가르쳐 줄까? 로빈 훗처럼 잘 쏘진 못하지만, 활쏘는 솜씨가 괜찮은 편이거든."

케빈은 내게 30개의 화살을 주었어요. 나는 케빈이 활 쏘는 모습을 보고 따라 쏘았지요. 그런데 과녁을 맞히지 못한 채 땅에 떨어진 화살이 12개나 됐어요. 나는 안타까워서 "어우!" 하고 소리를 질렀지요.

"과녁을 맞힌 화살은 모두 몇 개야?"

케빈이 물었어요.

우리는 바닥에 떨어진 화살의 개수만큼 ×표를 했어요.

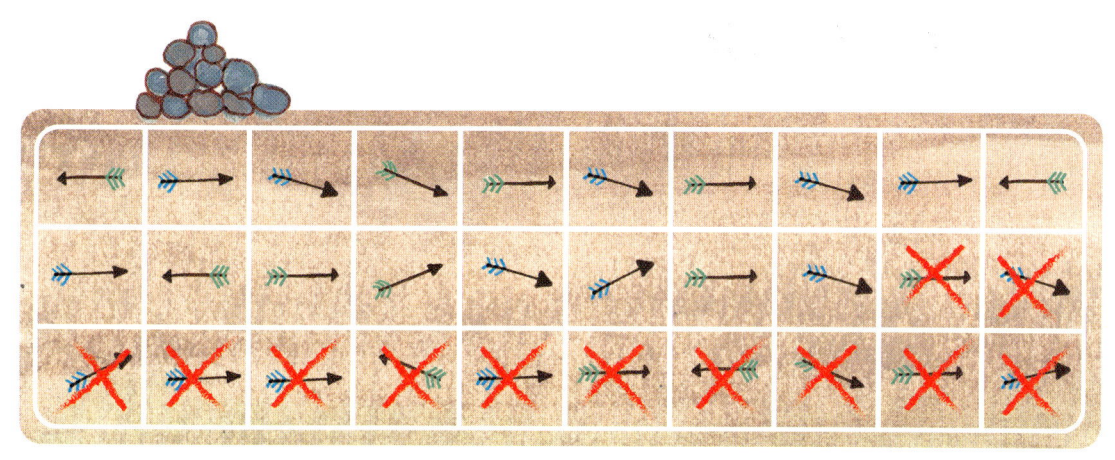

"과녁에 맞힌 화살은 18개야. 30에서 거꾸로 12만큼 빼어보니 18이거든."

"나는 식으로 나타내어 볼게."

30-12=18

나는 카우보이 아저씨에게 배운 것처럼 자 모양을 그렸어요.

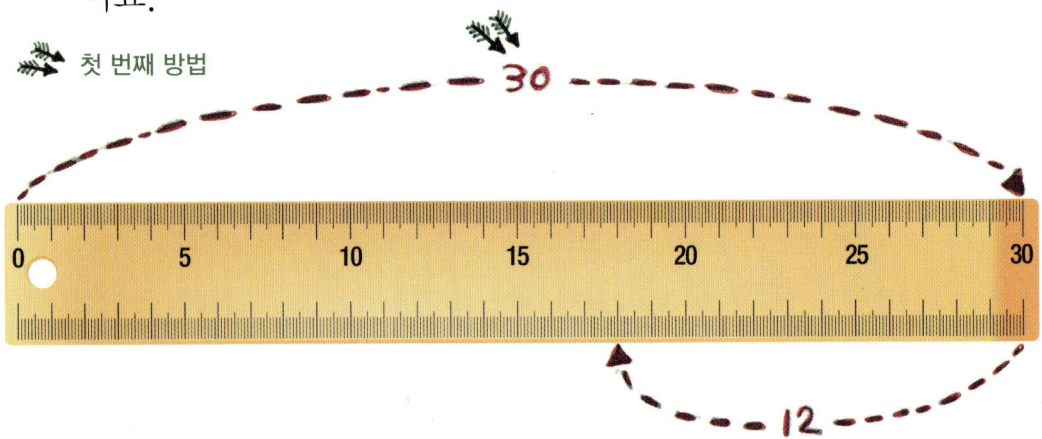

첫 번째 방법

"30에서 12만큼 거꾸로 옮기면 18이야."

"다른 방법도 있어. 30에서 10만큼 거꾸로 옮기고, 2만큼 더 거꾸로 옮겨도 돼."

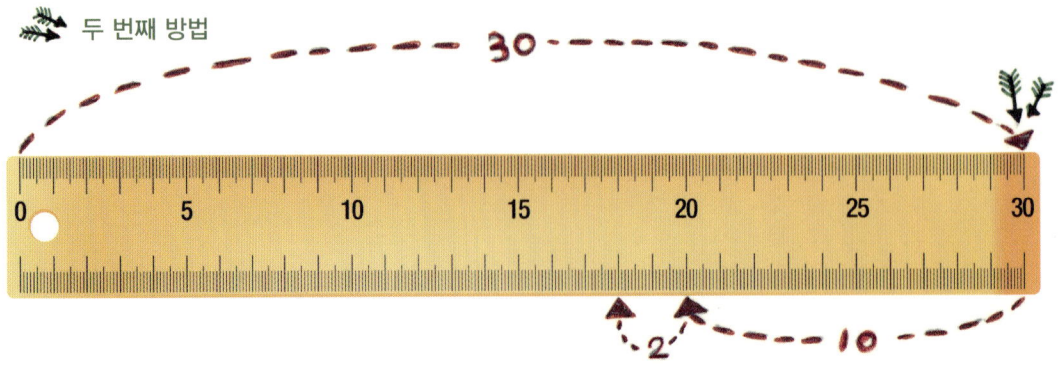

두 번째 방법

🌲 세 번째 방법

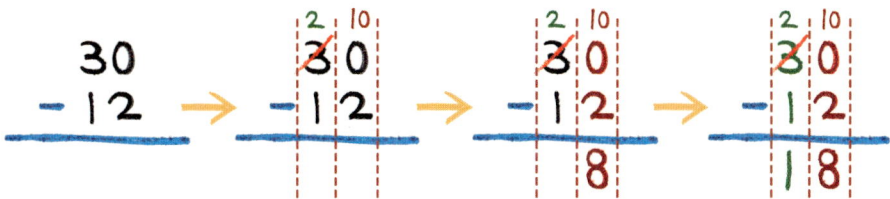

"이렇게 계산해도 돼. 일의 자리 수끼리 뺄셈을 할 수 없으니까 십의 자리에서 10을 받아내림해서 뺄셈을 하면 돼."

"와, 넌 정말 계산을 잘하는구나!"

내가 계산하는 것을 보던 케빈이 감탄을 터트렸어요.

활쏘기를 연습하는 동안, 보람이는 케빈의 여동생인 앨리스와 함께 숲에서 딸기를 땄어요. 보람이는 손바닥만큼 커다란 딸기를 42개나 땄고, 앨리스는 18개를 땄어요.

보람이는 앨리스보다 딸기를 더 많이 땄다며 자랑했어요. 나는 몇 개나 더 많이 땄냐고 물었어요.

그러자 보람이가 "음……." 하고서 눈을 요리조리 굴리며 계산을 하기 시작했어요.

보람이는 자기가 딴 딸기의 개수에서 앨리스가 딴 딸기의 개수만큼 ×표를 했어요. 그리고 남은 딸기의 개수를 세어 보았어요.

"42는 뭐야?"

"내가 딴 딸기의 개수야."

"네가 딴 딸기의 개수와 앨리스가 딴 딸기의 개수의 차이를 알아내려면 어떻게 해야 해?"

"42에서 18만큼 거꾸로 옮겨서 나타내면 되지."

"24개야. 화살표를 42에서 거꾸로 18만큼 옮겨보니 24가 되었거든."

🍓 첫 번째 방법

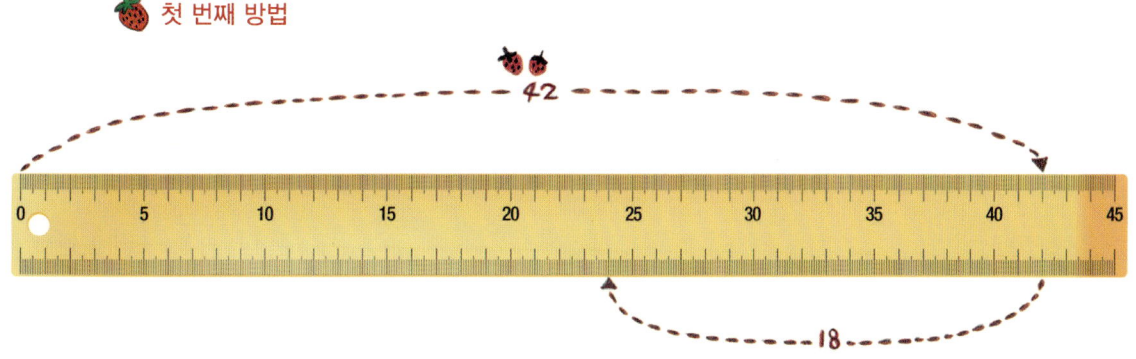

"다른 방법은 없어?"

"있지! 42에서 10만큼 거꾸로 옮기고 8만큼 더 거꾸로 옮겨 나타내도 돼."

🍓 두 번째 방법

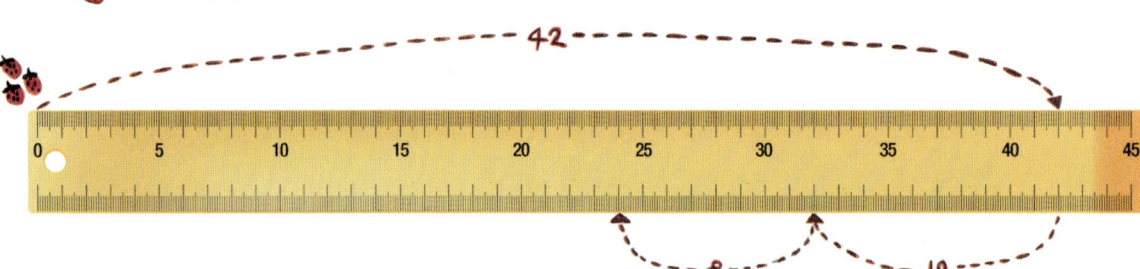

"42에서 3만큼 거꾸로 옮기고 10만큼 더 거꾸로 옮긴 후, 5만큼 더 거꾸로 옮겨 나타내도 되고."

🍓 세 번째 방법

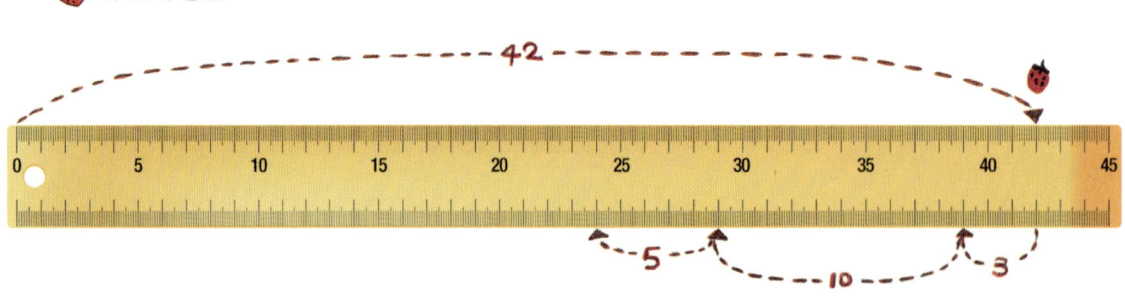

"42에서 20만큼 거꾸로 옮긴 후, 2만큼 앞으로 옮겨도 돼!"

🍓 네 번째 방법.

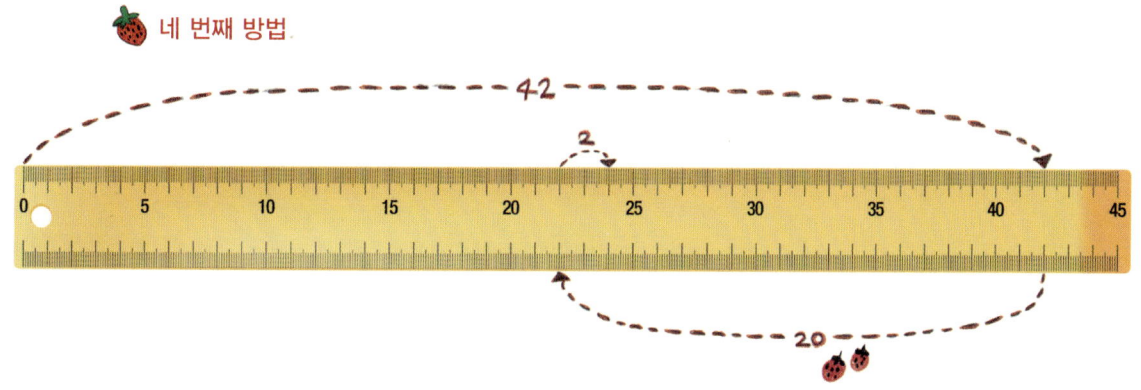

"오호! 여러 방법이 있구나! 내가 식으로 나타내어 볼테니 맞는지 봐줄래?"

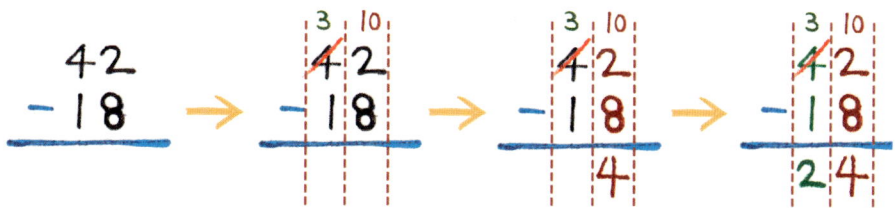

"케빈, 이것만 잊지 않으면 돼. 일의 자리 수끼리 뺄셈을 할 수 없을 때에는 십의 자리에서 10을 받아내림해서 뺄셈을 할 것!"

"와, 쉽다! 또 해보자!

우리는 입을 크게 벌리고 하하하 소리내어 웃었어요.

스토리텔링으로 사고력 키우기
받아내림이 있는 (몇 십)-(두 자리 수)

받아내림이 있는 십 단위 수와 두 자리 수 뺄셈을 할 수 있나요? 아래 문제들을 풀어보고, 스스로 평가해 보세요.

보람이와 아람이는 숲속에서 길을 잃었어요. 한참 헤매다 저 멀리 오두막이 보여 그곳으로 들어갔어요. 그 집은 마녀의 집이었는데, 마녀는 보람이와 아람이를 보자마자 심부름 시켰어요.

1 마녀의 집엔 박쥐 40마리가 있었는데, 15마리를 솥에 넣었어요. 솥에 넣은 박쥐의 수만큼 ×표시를 하세요. 남은 박쥐는 몇 마리인가요?

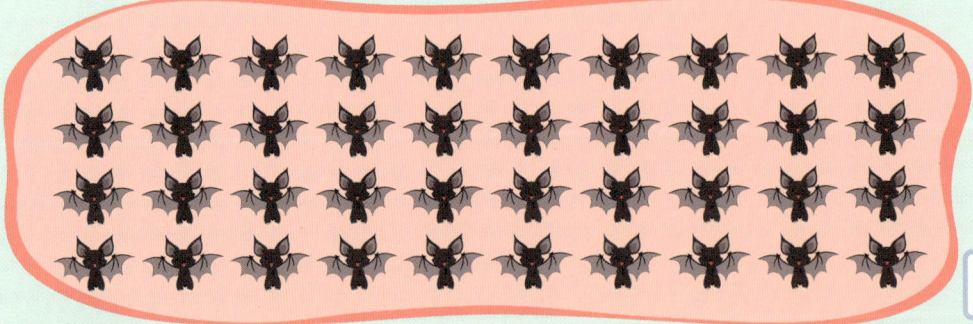

☐ 마리

2 마녀는 수학 잘하는 마법의 약을 만들려고 해요. 준비물로 수학 꽃잎이 있어야 하는데, 약통 안에 수학 꽃잎 30장이 있었어요. 마녀가 18장을 솥에 넣었다면 수학 꽃잎이 몇 장 남았을지 표시하세요.

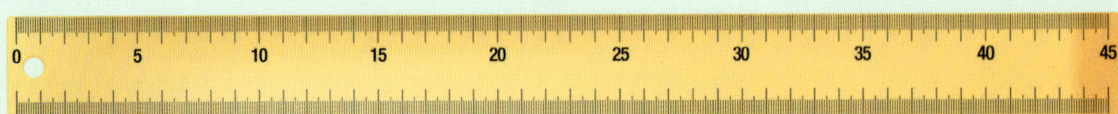

3 30-18을 세로셈으로 계산해 보세요.

스토리텔링으로 사고력 키우기

받아내림이 있는 (두 자리 수)−(두 자리 수)

받아내림이 있는 두 자리 수에서 두 자리 수 뺄셈을 할 수 있나요? 아래 문제들을 풀어보고, 스스로 평가해 보세요.

1 마녀는 보람이와 아람이에게 빗자루를 타고 하늘을 나는 법을 알려주겠다고 했어요. 빗자루를 타고 하늘을 날려면 하늘 꽃씨를 뿌려야 한대요. 마녀가 하늘 꽃씨 37개를 가져와서 18개를 빗자루에 뿌렸어요. 남은 하늘 꽃씨는 몇 개인지 뿌린 꽃씨만큼 ×표를 하세요.

2 보람이와 아람이는 하늘을 나는 빗자루를 탔어요. 보람이는 오두막집을 45바퀴 돌고, 아람이는 27바퀴 돌았어요. 보람이는 아람이보다 몇 바퀴 더 돌았을까요? 화살표로 표시해 보세요.

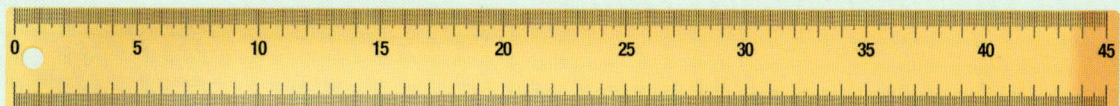

3 45−27을 세로셈으로 계산해 보세요.

스토리텔링으로 사고력 키우기

받아내림이 있는 (두 자리 수)−(두 자리 수)

> 마녀와 아람이, 보람이는 딸기밭으로 소풍을 갔어요. 이 세 명은 누가 딸기를 많이 먹나 내기 한 후, 자기가 먹은 딸기 개수를 땅바닥에 썼어요.

1 마녀가 먹은 딸기를 뺄셈식으로 계산한 값과 아람이와 보람이가 먹은 딸기의 뺄셈식을 계산한 값이 같도록 ☐ 안에 알맞은 수를 써 보세요.

마녀가 먹은 딸기의 뺄셈식	아람이가 먹은 딸기의 뺄셈식	보람이가 먹은 딸기의 뺄셈식
25 − ☐ = 8	32 − 24 = 8	22 − 14 = 8

2 보람이가 먹은 딸기의 뺄셈식을 계산한 값이 마녀와 아람이가 먹은 딸기의 뺄셈식을 계산한 값과 같도록 ☐ 안에 알맞은 수를 써 보세요.

보람이가 먹은 딸기의 뺄셈식	마녀가 먹은 딸기의 뺄셈식	아람이가 먹은 딸기의 뺄셈식
27 − ☐ = 9	31 − 22 = 9	27 − 18 = 9

제4장

원주민과 함께 춤추기

스스로 세우는 목표
덧셈식을 뺄셈식으로,
뺄셈식을 덧셈식으로 바꾸기
여러 방법으로 계산하기

"덧셈과 뺄셈을 여러 방법으로 계산할 수 있어야 해!"

이튿날 우리는 로빈 훗과 산적들의 배웅을 받으며 떠났어요. 로빈 훗은 앞으로 쭈욱 걷다 보면 길이 나온다고 알려 주었지요. 우리는 길을 잃지 않으려고 앞만 보고 걸어갔어요. 그런데 한참을 걸어도 끝이 보이지 않았어요. 보람이는 또 길을 잃은 것 같다며 울먹거렸고요.

"배가 고프고, 다리도 아파. 또, 이상한 괴물들이 나타날까 봐 무섭단 말야."

"조용히 좀 해!"

나는 신경질적으로 빽! 하고 소리를 질렀어요. 배고프고 다리가 아픈 건 나도 마찬가지였거든요. 보람이는 서럽다는 듯 울음을 터트렸어요. 엄마가 이 모습을 봤다면 내가 동생을 울렸다며 꾸지람을 하셨겠죠.
"울지 마."
"배가 고파서 눈물이 멈추질 않아."
울던 보람이는 갑자기 우유가 마시고 싶다며 고집을 부렸어요. 나는 여기서 어떻게 우유를 구하냐며 화를 냈지만, 보람이는 소용없었어요. 그런데 어디선가 염소 울음소리가 들렸어요.

"음매에에."

보람이는 눈을 동그랗게 뜨고 소리가 나는 쪽을 찾아 두리번거렸어요. 그때, 숲속으로 염소 한 마리가 뛰어 들어가는 게 보였지요. 보람이는 염소에게 "기다려!"라고 소리치며 뒤를 쫓아갔어요.

"같이 가, 보람아!"

우리는 염소가 뛰어 든 숲속으로 들어갔어요. 그러자 순간 번개 같은 것이 쿵! 내리치더니 눈 깜짝할 사이에 숲이 밀림으로 바뀌었어요. 우리는 갑자기 바뀐 광경에 눈을 끔뻑였어요. 놀랍기도 하지만 당황스러웠거든요.

"여긴 어디지?"

우리가 두리번거리고 있을 때 등 뒤로 뭔가 서늘한 감촉이 느껴졌어요. 조심스럽게 뒤를 돌아보니 누군가 돌로 만든 창을 겨누고 있었어요.

"누, 누구세요?"

"내가 묻고 싶은 말이다. 너흰 누구냐?"

우리에게 창을 겨누고 선 건 키가 작은 남자아이였어요.

남자아이는 나뭇잎으로 만든 옷을 입고 있었지요.
"우린 놀이동산을 돌아다니다가 길을 잃었을 뿐이에요."
"놀이동산?"
나뭇잎 옷을 입은 남자아이가 고개를 갸웃거렸어요.
"여긴 어디에요?"

보람이가 눈물을 글썽이며 물었어요. 남자아이는 놀이동산이라는 말이 무슨 뜻인지 알 수 없다는 표정을 짓더니 우리에게 앞장 서서 걸으라고 명령했어요. 우리는 손을 머리 위로 바짝 들어 올리고서 조심스럽게 걸었어요.

이윽고 우리가 도착한 곳은 원주민 마을이었어요.

"추장, 내가 염소 도둑을 잡아 왔어!"

남자아이는 큰소리로 자랑스럽게 말했어요. 우린 염소를

훔친 적이 없다며 발끈했지만, 아무도 우리 말을 믿지 않았어요.

"염소 도둑은 벌을 받아야 해!"

"맞아, 벌을 받아야 해!"

추장이 무서운 얼굴로 우리를 노려보며 말했어요. 그러자 다른 원주민들도 맞장구를 쳤지요. 우리는 원주민들에게 떠

밀려 외양간으로 끌려갔어요. 그곳에는 흰 염소 16마리와 검은 염소 8마리가 있었어요.

"너 흰 염소를 훔친 죄로 이 염소들의 젖을 다 짜야 한다!"

"맞아! 당장 젖을 짜라!"

우리는 억울했지만, 놀이동산으로 돌아가기 위해 하는 수 없이 염소의 젖을 짜기로 했어요. 그렇게 얼마나 긴 시간이 흘렀을까요. 힘들게 염소 젖을 다 짜자, 원주민 남자아이가 우리에게 다가왔어요. 우리는 원망스러운 눈으로 남자아이

를 째려보았지요.

"너희가 도둑질 해서 그런 거야."

"우린 아무것도 훔치지 않았어!"

"그건 그렇지만……."

"그러니 우린 도둑질을 한 것도 아니고, 죄를 저지른 것도 아니라고!"

우리가 버럭 화를 내자 남자아이는 미안하다는 듯 머리를 긁적이더니 망고를 내밀었어요.

"먹을래?"

보람이는 싫다며 고개를 돌렸어요. 하지만 난 배가 고파서 견딜 수가 없었지요. 그래서 슬쩍 보람이 눈치를 보며 슬그머니 망고를 받았어요. 그러자 보람이가 배가 고프다는 듯한 얼굴로 나를 바라보았지요.

"망고는 더 없니?"

"따러 가야 해. 내가 망고 열매가 많은 곳을 알아. 같이 갈래?"

남자아이는 우리에게 망고 열매를 따러 가자고 했어요.

우린 함께 밀림으로 들어갔어요. 한참 만에 커다란 망고 나무가 있는 곳에 도착했어요. 남자아이는 익숙한 동작으로 망고 나무를 타더니, 열매를 따기 시작했어요. 나와 보람이도 남자아이를 따라 바동대며 나무에 올라탔지요. 간신히 나무 위에 올라간 우리는 망고 열매를 12개 땄어요. 그런데 돌아오는 길에 배고파 우는 원숭이를 만나게 됐지 뭐예요? 원숭이는 우리가 가진 망고 열매를 보며 침을 꿀꺽 삼켰어요.

우린 잠시 망설이다 망고 열매 5개를 원숭이에게 주었어요. 망고 열매를 받아 든 원숭이는 우리 얼굴을 빤히 쳐다보다 슬그머니 사라졌어요.

"치, 고맙단 말도 없이."
"원숭이가 어떻게 말을 하니?"
라고 내가 물었어요.
"남은 망고가 몇 개지?"
"뺄셈식으로 나타내어 보자."
나는 나뭇잎에 뺄셈식을 썼어요.

$$12 - 5 = 7$$

"처음에 몇 개를 갖고 있었지?"

"처음 갖고 있던 망고의 개수를 덧셈식으로 나타내어 보자."

보람이도 나뭇잎에 덧셈식을 썼지요.

$$5 + 7 = 12$$

보람이가 나뭇잎의 자리를 바꾸었어요.

"어, 덧셈식을 다른 덧셈식으로 바꿀 수 있네!"

$$7 + 5 = 12$$

$$5 + 7 = 12$$

나도 나뭇잎의 자리를 바꾸어 보았어요.

그러자 뺄셈식도 다른 뺄셈식으로 바꿀 수 있었어요.

"마법의 칠판이 가르쳐준 것처럼 자로 표현하자."

"덧셈식은 뺄셈식으로, 뺄셈식은 덧셈식으로 자에 표시할까?"

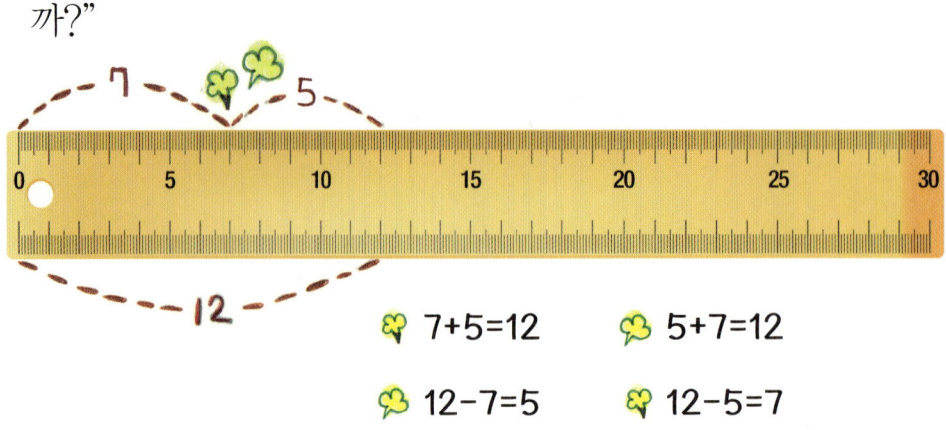

🌱 7+5=12   🌱 5+7=12

🌱 12-7=5   🌱 12-5=7

나와 보람이가 남은 망고 열매를 꼭 움켜쥐고 있을 때, 갑자기 원숭이들이 우르르 몰려오더니 우리에게 "끼끼끼!" 하고 소리치는 게 아니겠어요? 그 모습을 본 원주민 남자아이가 말했어요.

"쟤네들이 너희에게 물고기가 많은 곳을 알려 주겠대. 같이 갈래?"

"우리에게?"

남자아이는 고개를 끄덕였어요.

우리는 노릇노릇하게 잘 익은 생선구이를 생각하니 절로 군침이 돌았어요. 그래서 원숭이들을 따라 강으로 갔어요. 원숭이들이 가르쳐 준 강에는 물고기가 가득했어요.

나와 보람이는 바구니가 넘칠 정도로 물고기를 잡았어요.

우리는 물고기를 무려 57마리나 잡았고, 원주민 남자아이는 28마리나 잡았어요.

"마을에 가져 가면 모두가 기뻐할 거야!"

원주민 남자아이는 해맑게 웃었어요.

"이게 모두 몇 마리지?"

나와 보람이는 손가락을 꼼지락거리며 덧셈을 해 보았어요.

"57과 28을 더하면 돼."

"내 생각에는 57에 28의 20을 먼저 더하는 것이 좋을 것 같아."

보람이가 말했어요.

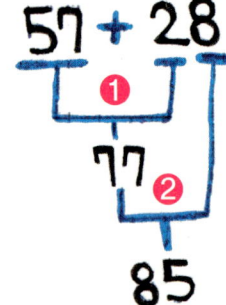

"오호, 28은 20+8이니까 20을 먼저 더한 거구나!"

나는 좋은 생각이 번개처럼 번쩍 떠올랐어요.

"다른 방법으로 계산할 수도 있어. 57에 3을 먼저 더해서 60을 만들어 볼래."

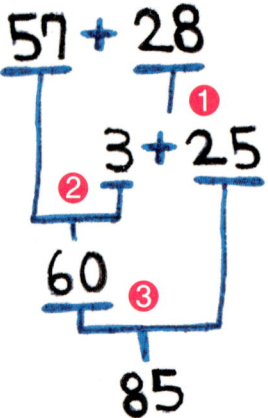

"아하, 그런 방법이 있었구나."

"다른 방법이 또 있어. 내가 쓴 걸 잘 봐."

"가장 편리한 계산 방법을 찾아서 문제를 풀면 돼!"

$$57 + 28 = 55 + 2 + 28 = 55 + 30 = 85$$

$$57 + 28 = 60 - 3 + 28 = 88 - 3 = 85$$

$$57 + 28 = 57 + 30 - 2 = 87 - 2 = 85$$

"계산하는 방법은 다양하구나!"

"아람아, 보람아! 얘들이 어디 있지?"

어? 어디선가 우리를 찾는 듯한 목소리가 들렸어요. 엄마 목소리예요.

"엄마가 오셨나 봐."

"엄마, 어디 계세요?"

우리는 엄마를 찾았지만, 엄마는 보이지 않았어요. 그때 하늘이 두 개로 갈라지더니 몸이 하늘 위로 붕~ 날아올랐어요. 얼마나 빨리 날아오르는지 우리 옆에서 날던 새들이 놀라 땅에 떨어질 정도였지요.

그러다 잠시 후에 하늘에서 쿵! 하고 떨어졌어요. 정신차려보니 우리 집, 우리 침대였어요.

"너희들, 대체 어디 갔다 온 거니? 어휴, 옷에 진흙이 잔뜩 묻었네."

"엄마, 이거 받으세요."

우리는 손에 들고 있던 물고기와 망고를 엄마에게 내밀었어요. 그런데 그 물고기와 망고는 플라스틱 장난감이었어요.

"오늘 저녁은 플라스틱 장난감을 맛있게 구워야겠구나. 아빠가 좋아하시겠는데? 얘들아, 아빠 오실 시간 됐다. 어서 목욕하자!"

"네!"

우리는 펄쩍 뛰면서 욕실로 달려갔어요. 침대 밑에서 카우보이 아저씨 인형과 해적 인형, 로빈 훗 인형 그리고 원숭이 인형이 웃고 있었어요.

대체 우리는 어디를 다녀온 걸까요?

스토리텔링으로 사고력 키우기
덧셈식을 뺄셈식으로, 뺄셈식을 덧셈식으로 바꾸기

덧셈식을 뺄셈식으로, 뺄셈식을 덧셈식으로 바꿀 수 있나요? 아래 문제들을 풀어보고, 스스로 평가해 보세요.

> 마녀는 보람이와 아람이에게 마법의 과자 17개를 주었어요.
> 이 과자를 먹으면 누구든지 소원을 이룰 수 있지요. 보람이와 아람이는 마법의 과자를 들고 집으로 향했어요.
> 길에서 양철 로봇이 사람으로 태어나고 싶다고 기도하는 것을 보고, 보람이와 아람이는 양철 로봇에게 과자 8개를 주었어요.

1. 양철 로봇에게 과자 8개를 주었더니 과자는 몇 개가 남았을까요? 양철 로봇에게 준 과자의 개수만큼 ×표시를 하고, 뺄셈식으로 나타내어 보세요.

답: 17 - 8 = ☐ 개

스토리텔링으로 사고력 키우기

덧셈식을 뺄셈식으로, 뺄셈식을 덧셈식으로 바꾸기

2 앞장의 이야기를 다시 읽어보세요. 보람이와 아람이는 처음에 과자를 몇 개 갖고 있었을까요? 양철 로봇에게 준 과자의 개수만큼 ×를 하고, 덧셈으로 나타내어 보세요.

답: ☐ + 8 = 17

3 다음 덧셈식을 다른 덧셈식으로 바꿔 보세요.

8 + 9 = 17

답: ☐ + 8 = 17

4 다음 뺄셈식을 다른 뺄셈식으로 바꿔 보세요.

17 − 8 = 9

답: 17 − ☐ = 8

스토리텔링으로 사고력 키우기
여러 방법으로 계산하기

1 다음 덧셈식을 자를 이용해 다른 덧셈식으로 나타내 보세요.

8 + 9 = 17

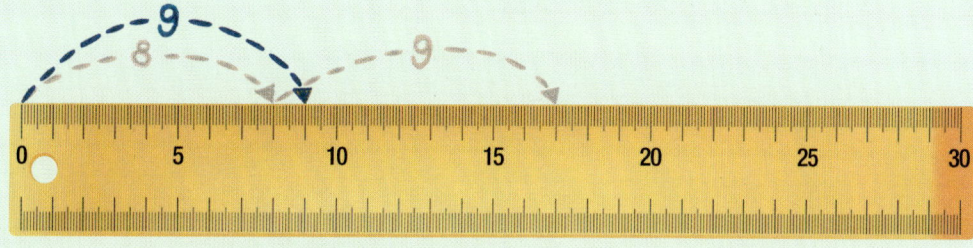

답: ☐ + ☐ = 17

2 다음 뺄셈식을 자를 이용해 다른 뺄셈식으로 나타내 보세요.

17 − 8 = 9

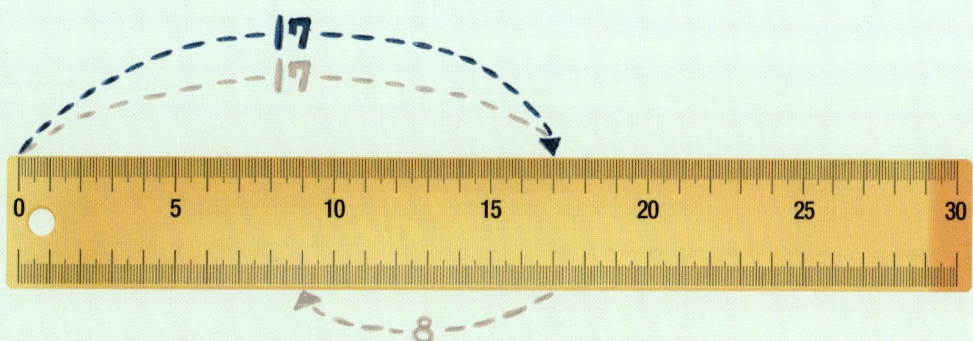

답: ☐ − ☐ = 8

스토리텔링으로 사고력 키우기
여러 방법으로 계산하기

다양한 방법으로 계산할 수 있나요? 아래 문제들을 풀어보고, 스스로 평가해 보세요.

> 학교에서 돌아온 보람이는 바쁜 엄마를 대신해 집안일을 했습니다. 냉장고에 35개의 달걀이 있었는데, 보람이는 9개를 더 넣었습니다. 냉장고에는 모두 몇 개의 달걀이 있을까요? 다양한 방법으로 계산하려고 합니다. ☐ 안에 알맞은 수를 쓰세요.

3 35 + 9 = 35 + ☐ − 1

        = ☐ − 1

        = ☐

4 35 + 9 = 35 + ☐ + 4

        = ☐ + 4

        = ☐

스토리텔링으로 사고력 키우기
여러 방법으로 계산하기

> 아람이네 집에는 빈 우유곽이 46개가 있었습니다. 그런데, 우유곽 8개를 다른 곳으로 옮겼습니다. 남은 우유곽은 모두 몇 개일까요? 다양한 방법으로 계산하려고 합니다. ☐ 안에 알맞은 수를 쓰세요.

5 46 - 8 = 46 - ☐ + 2

= ☐ + 2

= ☐

6 46 - 8 = 46 - 6 - ☐

= 40 - ☐

= ☐

해답

1) 3, 2
2) 12
3) 17 + 5
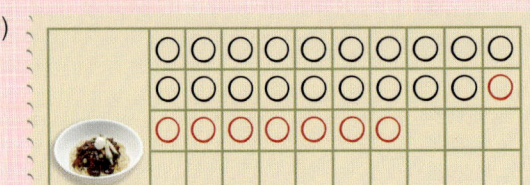

1)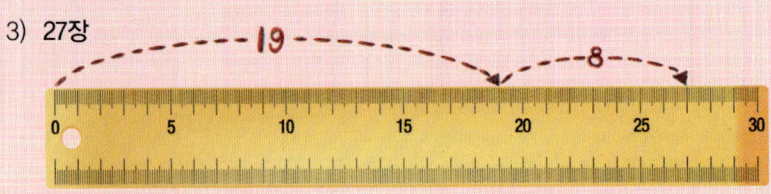

2) 7, 20
3) 27장

1) 3, 6
2) 6개

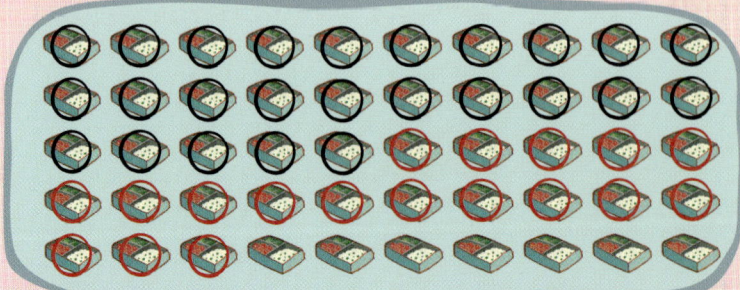

46페이지
1) 43개

해답

2) 43, 13, 30

3)
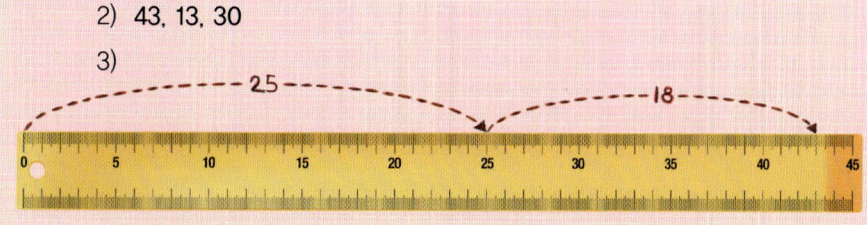

66페이지

1) 25마리

2) 방법 1. 30에서 18만큼 거꾸로 옮기면 12

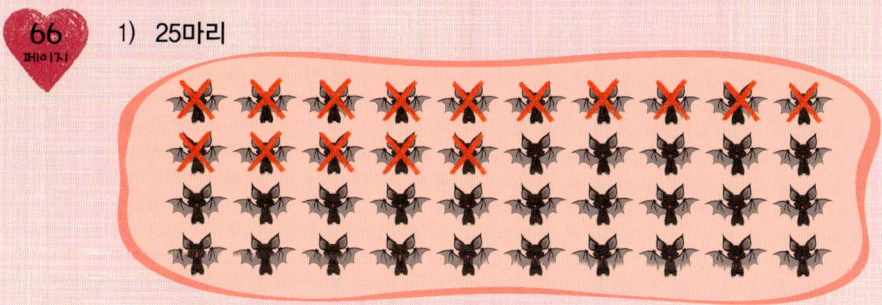

방법 2. 30에서 10만큼 거꾸로 옮기고, 8만큼 더 거꾸로 옮긴다.

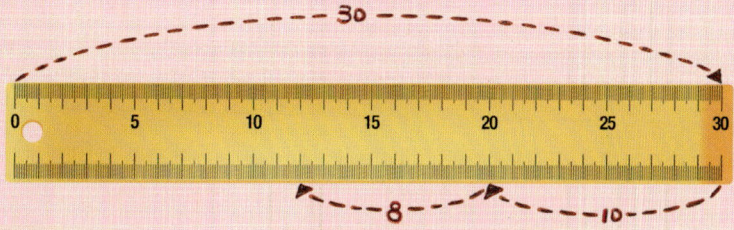

3) 12   30   30   ² ¹⁰   ² ¹⁰   ² ¹⁰
         -18   -18   3̶0̶   3̶0̶   3̶0̶
                     -18   -18   -18
                                2   12

1)

2)

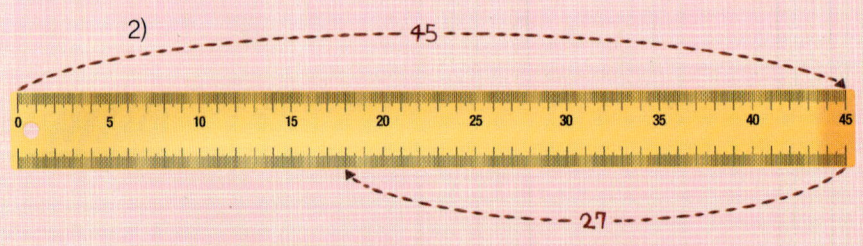

3) 18   45   45   ³ ¹⁰   ³ ¹⁰   ³ ¹⁰
         -27   -27   4̶5̶   4̶5̶   4̶5̶
                     -27   -27   -27
                                8   18

1) 17
2) 18

94

해답

87 페이지

1) 9

88 페이지

2) 9

3) 9
4) 9

89 페이지

1) 9, 8

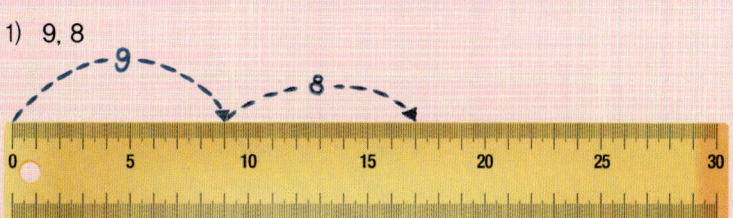

2) 17, 9

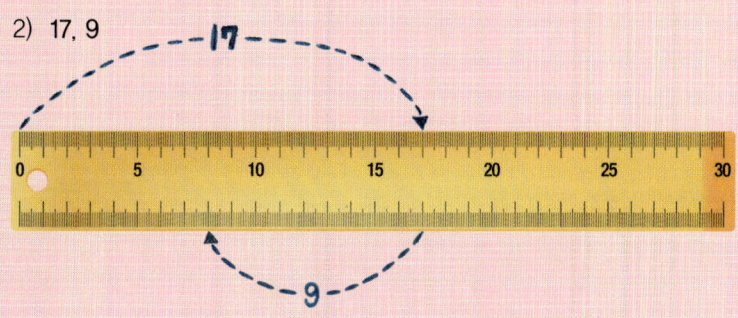

95

해답

3) $35 + 9 = 35 + \boxed{10} - 1$
   $= \boxed{45} - 1$
   $= \boxed{44}$

4) $35 + 9 = 35 + \boxed{5} + 4$
   $= \boxed{40} + 4$
   $= \boxed{44}$

5) $46 - 8 = 46 - \boxed{10} + 2$
   $= \boxed{36} + 2$
   $= \boxed{38}$

6) $46 - 8 = 46 - 6 - \boxed{2}$
   $= 40 - \boxed{2}$
   $= \boxed{38}$